RÉGLEMENT

DE LA SOCIÉTÉ LIBRE

DES SCIENCES, LETTRES ET ARTS DE PARIS;

ET

LISTE DES MEMBRES

COMPOSANT LA SOCIÉTÉ,

Pour l'An IX de la République Françoise.

RÈGLEMENT

DE LA SOCIÉTÉ LIBRE

DES SCIENCES, LETTRES ET ARTS

DE PARIS.

———

A PARIS,

DE L'IMPRIMERIE de Madame HUZARD,
Imprimeur de la Société des Sciences, Lettres et Arts,
de celle d'Agriculture, etc., rue de l'Éperon, N°. 11.

AN IX.

RÉGLEMENT

DE LA SOCIÉTÉ LIBRE

des Sciences, Lettres et Arts de Paris.

Le but de la Société libre des Sciences, Lettres et Arts de Paris, est la propagation et le perfectionnement des connoissances humaines. Les moyens qu'elle emploie sont des Lectures et des Conférences, à jours et heures fixes, la publication de ses Mémoires, et une correspondance exactement suivie, avec les Sociétés littéraires et savantes, tant Républicoles qu'Étrangères.

Article premier.

La Société est composée de Membres résidens et de Membres non résidens, formant trois classes : celle des Sciences, celle des Lettres, et celles des Arts ; leur nombre est illimité (1).

---

(1) Voyez les articles additionnels.

II.

Elle s'assemble le quartidi et le nonidi de chaque décade ; à cinq heures du soir, du 1er. Vendémiaire au 30 Ventôse ; à six heures, du 1er. Germinal au 30 Fructidor. La Séance est de deux heures.

III.

Les Séances sont publiques, les 9 Vendémiaire, Nivôse, Germinal et Messidor.

IV.

Le Bureau est formé :

1°. Du Président, chargé de l'ordre des Assemblées, renouvellé par trimestre, et choisi tour-à-tour dans les différentes classes ;

2°. De deux Secrétaires, chargés de la rédaction du procès-verbal des Séances, et de la correspondance; renouvellés partiellement tous les six mois, et rééligibles. Le sort décidera, à la fin du premier trimestre, la sortie de l'un des deux Secrétaires, nommés la première fois ;

3°. D'un Bibliothécaire - archiviste et d'un Trésorier, élus pour un an, et rééligibles. L'un et l'autre rendent, tous les six mois, le compte de leur gestion.

V.

Les dépenses sont acquittées par une cotisation annuelle, fixée à la somme de douze francs, payable d'avance, par quart, à la première Séance de chaque trimestre; les trimestres commencent avec l'année républicaine.

VI.

L'Assemblée nomme au besoin des Commissions, qui n'existent qu'autant que l'exigent les affaires dont elles sont chargées.

VII.

Toutes les opérations relatives aux élections des Fonctionnaires, aux admissions des Ouvrages, aux réceptions des Candidats, se font au scrutin individuel, et à la pluralité absolue des suffrages.

VIII.

Les titres des Candidats sont une moralité et des talens reconnus.

IX.

La moralité se constate par la signature de deux Membres de la Société, apposée au bas d'un billet de présentation, contenant les noms, prénoms, âge, profession et demeure du Candidat. Ces billets sont lus dans l'Assemblée par l'un des Secrétaires, inscrits au procès-verbal de ses Séances, et déposés aux Archives (1).

X.

L'OPINION sur les talens est éclairée par le rapport d'une Commission de trois Membres, autres que les Présentateurs, et pris dans la classe pour laquelle le Candidat se présente. La nomination de cette Commission est proposée par le Bureau, et confirmée par l'Assemblée. Le rapport se fait dans le délai d'un mois après la présentation; il est immédiatement suivi du scrutin de réception. Le billet de présentation est lu à chaque Séance et affiché. Les jours de présentation et de scrutin sont fixés au premier quartidi de chaque mois (2).

X I.

LE nouveau Membre reçu remet au Trésorier la somme de DOUZE FRANCS, dans laquelle se trouve comprise la cotisation du trimestre courant; et il en reçoit un diplôme de Membre de la Société, signé par le Président et les Secrétaires en exercice (3).

---

(1) Voyez les articles additionnels.
(2) Voyez les articles additionnels.
(3) Voyez les articles additionnels.

XII.

Chaque Membre, en entrant aux Séances particulières, s'inscrit au Bureau, sur un registre de présence.

XIII.

Le Secrétaire, après la lecture du procès-verbal de la dernière Séance, lit la Correspondance, appelle les Rapports, suivant l'ordre de leur inscription, sur un registre particulier : les Lectures suivent les Rapports, et sont suivies des Discussions.

XIV.

Le Bureau tient un tableau à trois colonnes pour l'ordre des Lectures de chaque classe, contenant le titre de l'ouvrage et le nom de l'auteur. La première Lecture n'est point interrompue ; si l'auteur désire en faire une seconde, elle a lieu à la Séance suivante, autant qu'il est possible, et la discussion s'ouvre alors toutes les fois qu'un Membre demande la parole (1).

XV.

Après la discussion, si un Membre demande que la pièce soit admise au concours pour la

---

(1) Voyez les articles additionnels.

Séance publique, et que sa proposition soit appuyée, on procède à un premier scrutin pour cette admission.

Un second scrutin a lieu le 14 du mois qui précède la Séance publique, et détermine le choix des pièces destinées à la Lecture publique, parmi lesquelles il doit s'en trouver une, au moins de chaque classe. A l'époque de ce second scrutin, aucun nouvel ouvrage ne peut être admis au Concours pour cette Séance (1).

XVI.

Après la discussion, si un Membre demande que la pièce soit destinée à être insérée dans les Mémoires, et que la proposition soit appuyée, l'Assemblée procède à un premier scrutin, pour déclarer si la pièce est admissible. Dans ce cas, elle est renvoyée à une Commission, sur le rapport de laquelle l'Assemblée procède à un scrutin définitif.

XVII.

Il y a une Commission de neuf Membres, pris en nombre égal dans les trois classes, sous le nom de COMMISSION DES MÉMOIRES. Elle est renouvellée par tiers tous les six mois. Le sort

---

(1) Voyez les articles additionnels.

désigne, les deux premières fois, les Membres qui doivent sortir. Cette Commission dispose pour l'impression les ouvrages qui lui sont destinés. Elle est chargée des discours préliminaires, ainsi que des discours ou notices, dont elle pense que la collection des Mémoires peut être accompagnée. Lorsqu'un volume est prêt, la Commission fait son rapport (1).

XVIII et dernier.

La Société admet à ses Séances particulières, les Savans, Hommes de lettres et Artistes, présentés par un de ses Membres, et annoncés par le Président (2).

Ce Réglement, après avoir été lu et discuté solemnellement dans les Séances du 29 Messidor, des 4 et 9 Thermidor, a été arrêté définitivement dans l'Assemblée générale du 14 Thermidor, an V de la République Françoise.

THIEBAULT, *ex-Président*, *en l'absence du Citoyen* HUZARD, *Président.*

COURET-VILLENEUVE, SIMON, *Secrétaires.*

---

(1) Voyez les articles additionnels.
(2) Voyez les articles additionnels.

ARTICLES ADDITIONNELS
AU RÉGLEMENT.
ADDITIONS A L'ARTICLE Ier.

§. Ier.

La Société peut établir des Correspondances avec chacune des Sociétés républicoles et étrangères qui s'occupent des Lettres, des Sciences et des Arts.

§. II.

Les Membres non résidens correspondent avec la Société. Ils sont reçus dans la même forme que les Membres résidens, si ce n'est que le terme du rapport peut être différé d'un mois. Ils ne paient aucune cotisation.

§. III.

Tout Membre non résident qui se trouve à Paris, est admis de droit aux Séances particulières de la Société, mais il n'y a pas voix délibérative, en ce qui concerne les affaires d'administration ; à moins qu'il ne déclare que son intention est d'être compté au nombre des Membres résidens : auquel cas il paye la cotisation ordinaire, et participe aux charges de la Société.

§. IV.

Un Membre non résident devient Membre résident par un séjour de six mois à Paris, et paye sa cotisation.

§. V.

Les Ouvrages des Membres non résidens, concourent avec ceux des autres Membres pour les lectures publiques, ainsi que pour l'insertion aux Mémoires.

§. VI.

Le nom d'un Membre résident qui ne fait aucun acte de présence aux Séances de la Société pendant un an; celui d'un Membre républicole non résident qui interrompt sa correspondance pendant le même espace de temps; et celui d'un Membre étranger qui cesse de correspondre pendant deux ans, ne seront point inscrits sur la liste de la Société de l'année suivante.

218.e *Séance, du* 24 *Nivôse, an* VII.

ADDITION A L'ARTICLE IX.

La Société déclare qu'elle regarde comme

partie essentielle de *la moralité*, de n'avoir fait aucune action, ni publié aucun écrit contraires au respect dû aux loix et au Gouvernement Républicain.

126e. *Séance, du 29 Fructidor, an V.*

ADDITIONS A L'ARTICLE X.

§. Ier.

TOUT Candidat doit signer son acte de présentation.

170e. *Séance, du 24 Floréal, an VI.*

§. II.

L'ADMISSION de tout Candidat qui n'aura point vingt-un ans accomplis, est ajournée.

214e. *Séance, du 24 Nivôse, an VII.*

§. III.

LES noms des Membres admis pendant le cours du trimestre qui précède une Séance publique, sont proclamés dans cette Séance par le Secrétaire chargé de rendre compte des travaux.

170e. *Séance, du 24 Floréal, an VI.*

ADDITIONS A L'ARTICLE XI.

§. Ier.

Il est délivré, à chaque Membre, une carte d'entrée, dont la couleur change à chaque trimestre, et qui porte en tête le nom du trimestre courant. Ces cartes, échangées de trois mois en trois mois, sont signées du Trésorier, et servent de quittance.

§. II.

ELLES portent, en outre, la signature du Membre auquel elles appartiennent, écrite de sa main.

§. III.

CHAQUE Membre est tenu d'exhiber sa carte en entrant à la Séance.

§. IV.

LA même carte peut servir, pour l'entrée, pendant le trimestre qui suit immédiatement celui pour lequel elle aura été délivrée; mais elle ne vaut comme quittance que pour le premier des deux.

§. V.

LE Trésorier est chargé de l'exécution de cet arrêté.

175ᵉ. Séance, du 19 Prairial, an VI.

ADDITIONS A L'ARTICLE XIV.

§. Iᵉʳ.

LES observations sur les différens morceaux

lus en Séance, se font immédiatement après la première lecture.

162e. Séance, du 24 Ventôse, an VI.

§. II.

Les Lecteurs ne sont point interrompus pendant la durée de leur seconde lecture, et les observations que chaque Membre a droit de faire, sont placées après que la pièce soumise à l'examen, aura été lue toute entière.

136e. Séance, du 14 Brumaire, an VI.

§. III.

Chacun des Membres, qui fait une lecture d'un de ses Ouvrages, dans les Séances particulières, donne par écrit aux Secrétaires une analyse sommaire de cet Ouvrage; pour être insérée au procès-verbal, avec faculté aux Secrétaires de la réduire, si elle passe les bornes convenables.

131e. Séance, du 19 Vendémiaire, an VI.

Additions a l'article XV.

§. Ier.

Le Secrétaire qui rend compte, en Séance publique, des travaux de la Société, est chargé de tracer, en peu de mots, un éloge historique des Membres qu'elle aura eu le malheur de perdre

perdre, par décès, pendant le trimestre précédent : ce qui n'empêche pas tout autre Membre de la Société de pouvoir lui offrir un éloge plus complet.

170e. Séance, du 24 Floréal, an VI.

§. II.

LES Ouvrages qui auront été lus en Séance publique, ne peuvent être publiés, par l'Auteur, avec la mention qui constate que cette lecture a eu lieu dans une Séance publique de la Société, sans qu'il ait été nommé une Commission chargée d'examiner si ces Ouvrages n'ont point éprouvé de changement depuis leur lecture solemnelle.

131e. Séance, du 19 Vendémiaire, an V.

§. III.

A CHAQUE Séance publique, le Secrétaire chargé de rendre compte des travaux du trimestre précédent, fait entrer dans la Notice de ces travaux, l'annonce des divers Ouvrages de Peinture, de Sculpture, d'Architecture, de Gravure et de Musique, qu'auront mis au jour, pendant ce même trimestre, les Membres de la classe des Arts. En conséquence, les Membres de cette classe remettent au Bureau, avant l'époque marquée pour chaque Séance

B

publique, la Notice des diverses productions qu'ils auront achevées dans le cours du trimestre précédent.

205ᵉ. *Séance, du 19 Brumaire, an VII.*

§. IV.

Il ne sera lu, désormais, dans aucune des Séances publiques, aucune pièce, soit en vers, soit en prose, qui aura été précédemment lue dans une Séance publique de toute autre Société littéraire.

183ᵉ. *Séance, du 29 Messidor, an VI.*

§. V.

Si parmi les pièces admises au concours pour une Séance publique, il s'en trouve dont la lecture, d'après le scrutin de liste, ait été ajournée, ces pièces sont de droit reproduites pour la Séance la plus prochaine, et remises à un nouveau scrutin de liste, à moins que leurs Auteurs ne déclarent qu'ils les retirent.

182ᵉ. *Séance, du 24 Messidor, an VI.*

Addition a l'article XVII.

Les Membres de la Commission des Mémoires, peuvent proposer des morceaux déjà imprimés, lesquels concourent, avec ceux qui ne le sont pas, à la composition des Mémoires de la Société.

216ᵉ. *Séance, du 14 Nivôse, an VII.*

ADDITIONS A L'ARTICLE XVIII.

§. Iᵉʳ.

LES Savans, Hommes de Lettres et Artistes, étrangers au Département de la Seine, sont admis aux Séances particulières de la Société.

§. II.

ELLE admet également les Savans, Hommes de Lettres et Artistes du Département de la Seine qui lui proposeront d'y lire ou d'y produire quelqu'Ouvrage relatif aux Sciences, aux Lettres ou aux Arts.

§. III.

LES Citoyens désignés dans les deux paragraphes précédens, ne peuvent être introduits qu'ils ne soient présentés par un des Membres de la Société, qui en prévient le Président, lequel en fait part à l'Assemblée. Cette présentation doit être appuyée par deux autres Membres. Ils ont une place distincte en face du Bureau, et ne peuvent être présens à aucune délibération.

146ᵉ. *Séance, du 4 Nivôse, an VI.*

Arrêté définitivement en Séance générale, le 24 Nivôse, an VII.

LHÉRITIER, *Président.*

E. T. SIMON; GENAIS, *Secrétaires.*

LISTE ALPHABÉTIQUE

DES MEMBRES

COMPOSANT LA SOCIÉTÉ,

Pour l'An IX de la République.

CLASSE DES SCIENCES.

A.

ALYON (*Pierre-Philippe*), de la Société de Médecine de Paris, Officier de santé; rue et faubourg Saint-Jacques, n°. 114.

B.

BARBIER-BLIGNIÈRES (*Jean-Robert-Nicolas-Joseph*), Chef de Bataillon, à l'Hôtel des Vétérans-Invalides.
BENH (*Georges-Henri*), Médecin; Associé-correspondant, à Lubeck.
BRÈS (*Jean-Pierre*), rue du Vieux-Colombier, n°. 730.
BRISSEAU-MIRBEL (*Charles-François*), rue Mazarine, n°. 1684.
BRUN (*Joseph-André*), du Lycée des Arts, du Portique républicain; rue du faubourg Saint-Honoré, n°. 16.

C.

CASSIUS (*J. S. J.*), Officier de santé, Professeur de Chimie à l'École centrale du Département de la Creuze; Associé-correspondant, à Aubusson.
CHALLAN (*Antoine-Didier-Jean-Baptiste*), de la Société d'Agriculture de Versailles, Tribun; rue de la Concorde, n°. 688.
CUBIÈRES (*Simon-Louis-Pierre*), de la Société d'Agriculture de Versailles; rue de l'Université, n°. 307.

D.

DEMACHY (*Jacques-François*), des Sociétés de Médecine et des Pharmaciens de Paris ; des Académies de Berlin, des Curieux de la Nature ; Parvis Notre-Dame.

LESPLAS (*Jean-Baptiste*), de la Société de Médecine de Paris, du Jury d'Instruction de l'École vétérinaire d'Alfort; rue de Lille, n°. 480.

DUPAIN-TRIEL (*Jean-Louis*), Géographe; Cloître Notre-Dame, n°. 1.

F.

FABRE (*Etienne-Nicolas*), du Portique républicain; rue Poupée, n°. 17.

FORFAIT (*Pierre-Alexandre-Laurent*), Ministre de la Marine; au Ministère de la Marine.

G.

GAUTHEROT (*Nicolas*), Physicien, Professeur de Sciences exactes, du Lycée des Arts, du Portique républicain; quai de l'Horloge, n°. 47.

GERUZEZ (   ), Associé-correspondant, à Beauvais.

GILBERT (*Nicolas*), Médecin de l'Hospice militaire du Val-de-Grâce, de la Société de Médecine de Paris; rue d'Enfer-Luxembourg, n°. 90.

GRIVEL (*Guillaume*), Professeur de droit public, à l'École centrale de l'Unité.

H.

HUZARD (*Jean-Baptiste*), de l'Institut de France, des Sociétés de Médecine, d'Agriculture, d'Institution, et Académique des Sciences de Paris; des Sociétés d'Agriculture de Versailles, de Dijon, de Lyon, de Nancy, de Besançon; de l'Académie des Sciences de Turin; du Jury d'Instruction de l'École vétérinaire d'Alfort; rue de l'Éperon, n°. 11.

J.

JEAURAT (*Edme-Sébastien*), de l'Institut de France, du Lycée des Arts, Doyen des Astronomes; à l'Observatoire.

L.

LACHAPELLE (*Joseph*), du Portique républicain; rue de la Vieille-Monnoie, n°. 20.

LAIR DU VAUCELLES (*Michel-Antoine*), Place des Vosges, n°. 291.

LARCHER (*Pierre-André*), Professeur de Mathématiques, du Lycée des Arts, des Sociétés d'Institution, et Académique des Sciences; rue du Théâtre-François, n°. 16.

Classe des Sciences.

LEBLOND (*Auguste-Savinien*), de la Société d'Agriculture de Versailles, de plusieurs Sociétés Littéraires ; à la Bibliothèque nationale.

LEBRETON (*Joachim*), de l'Institut de France, Tribun ; à la Monnoie.

LENDY (*René-François-Joseph*), de la Société d'Institution ; rue de Bourgogne, faubourg Saint-Germain.

LEREBOURS (*Alexandre*), Professeur de Législation à l'École centrale du Département de l'Eure ; Associé-correspondant, à Évreux.

M.

MERLIN (*Philippe-Antoine*), de l'Institut de France ; rue de la Bienfaisance, à la petite Pologne.

MILET-MUREAU (*Antoine-Louis-Marie*), du Lycée des Arts, Général de brigade ; rue Saint-Dominique, maison Caraman.

P.

PETIT-RADEL (*Philippe*), de la Société de Médecine de Paris, Professeur-adjoint à l'École de Médecine ; rue Thiroux.

PHILIPSON ( ), Associé-correspondant, à Stockholm.

PINGLIN (*François*), Professeur d'Antroposcopie et d'Hygiène au Palais national des Sciences et des Arts ; rue Saint-Thomas-du-Louvre, nos. 44 et 279.

R.

ROTROU (*G. T.*), de la Société Philotechnique ; rue de la Croix, n°. 13.

ROUGIER-LABERGERIE (*Jean-Baptiste*), de l'Institut de France, de la Société d'Agriculture de Paris, Préfet du Département de l'Yonne ; Associé-correspondant, à Auxerre.

S.

SABAROT (*Pierre-Fidèle*), Juge au Tribunal de Première instance du Département de la Seine ; ancien hôtel de la Fautrière, rue des Fossés-Saint-Germain-des-Prés, n°. 288.

SACOMBE (*Jean-François*), Médecin-Accoucheur, Fondateur de l'École anti-césarienne ; rue Gît-le-cœur, n°. 15.

SUE (*S. J.*), de la Société de Médecine de Paris, Professeur ; rue Neuve de Luxembourg.

T.

THÉRÉMIN (*Charles*), du Portique républicain ; Associé-correspondant, Sous-Préfet à Monaco, Département des Alpes-Maritimes.

Classe des Sciences.

VAILLANT-SAVOISY (*Bénigne-Joseph*), du Portique républicain ; rue de Grenelle Saint-Honoré.

VASSALI-EANDI (*Antoine-Marie*), Commissaire du Gouvernement de Piémont, pour le système des poids et mesures, près l'Institut de France ; des Académies des Sciences de Turin, de Bologne, de Milan etc. ; Professeur de Physique ; Associé-correspondant, à Turin.

VITET (*Louis*), Médecin ; rue Neuve Saint-Roch, n°. 59.

CLASSE DES BELLES-LETTRES.

B.

BALLIN (   ), Professeur au Prytannée françois, du Lycée des Arts ; rue Saint-Jacques, au Prytannée.

BARRAU (*Jean-François*), Libraire, de la Société des Belles-Lettres, du Lycée de Toulouse ; rue Saint-Honoré, n°. 45.

BASSE (*Philippe-Auguste*), rue de Bussy.

BAYARD (*Ferdinand-Marie*), du Portique républicain ; grande rue Taranne, n°. 34.

BEAUROCHE (*Georges*), Professeur de Belles-Lettres à l'École centrale du Département des Deux Nethes, de la Société des Belles-Lettres ; Associé-correspondant, à Anvers.

BERTRAND (*Jean-Baptiste*), Professeur-Instituteur, du Lycée des Arts, de la Société d'Institution ; rue Saint-Lazare.

BINET (*René*), Professeur de langues anciennes, à l'École centrale du Panthéon, de la Société d'Émulation de Rouen ; Place Sainte-Geneviève, n°. 7.

BLANVILLAIN (   ), du Lycée des Arts ; Associé-Correspondant à

BLONDIN (*Jean-Noel*), Professeur de langues ; rue Thibautodé.

BOINVILLERS (   ), Professeur de Belles-Lettres à l'École centrale du Département de l'Oise ; Associé-correspondant, à Beauvais.

BOLDONI (*Jean-Jacques-Gaëtan*), Professeur de langues vivantes au Lycée républicain ; passage de la Bretonnerie, n°. 1.

BOUCHESEICHE (*Jean-Baptiste*), du Portique républicain, chef du bureau des mœurs à la Préfecture de Police ; rue Quincampoix.

BOULLENOIS (*Claude-Adrien-Marguerite*), rue d'Enfer.

BOUTET-MONVEL (*Noel-Barthélemi*), de la Société des Belles-Lettres ; rue Saint-Nicaise.

Classe des Belles-Lettres.

BRIQUET (*Hilaire-Alexandre*), Professeur de Belles-Lettres à l'École centrale du Département des Deux Sèvres; Associé-correspondant, à Niort.

BRUN (*Jean-Baptiste*), du Lycée des Arts, de la Société des Inventions et Découvertes; rue des Sept-Voies, n°. 27.

C.

CASTEL (*René-Richard*), Professeur de Belles-Lettres au Prytannée François, du Lycée des Arts; rue Saint-Jacques, n°. 82.

COMBES-DAUNOUS (   ), du Corps-Législatif; rue Saint-Thomas-du-Louvre, n°. 242.

CORMILIOLES (*Pierre-Louis*), Associé-correspondant, à Passy; grande rue, n°. 67.

COURET-VILLENEUVE (*Louis-Pierre*), Professeur de Grammaire-générale à l'École centrale du Département de la Lys, de la Société d'Institution; Associé-correspondant, à Gand.

COURNAND (*Antoine*), Professeur de Littérature françoise au Collége de France, du Portique républicain; Place Cambrai.

COUSIN (*Achille-Nicolas*), Homme de loi; au Palais national des Sciences et des Arts, n°. 7.

CROMMELIN (*Isaac-Mathieu*), Associé-correspondant, à Saint-Germain-en-Laye.

CUBIÈRES (*Michel*), du Portique républicain, du Lycée de Paris; rue du vieux Colombier.

D.

DARU (*Pierre-Antoine-Noël-Bruno*), Commissaire-Ordonnateur des guerres; rue de Lille, n°. 505.

DECOMBEROUSSE (*Benoît-Michel*), du Portique républicain; rue de Belle-Chasse.

DEGUERLE (*Jean-Nicolas-Marie*), des Sociétés des Belles-Lettres, du Lycée de Paris, Professeur de Grammaire générale à l'École centrale du Département des Deux Nethes; Associé-correspondant, à Anvers.

DELAROCHE (*Antoine-Joseph*), du Lycée des Arts, des Sociétés d'Institution, et des Belles-Lettres; rue de la Pépinière, n°. 647.

DENIS (*Joseph-André*), du Portique républicain; rue de la Harpe.

DEPERET (*Gabriel*), du Lycée des Arts, Instituteur à Chaillot; rue des Batailles, n°. 8.

Classe des Belles-Lettres.

DUBROCA (*Jean-François*), du Portique républicain; rue du Théâtre-François, n°. 9.

F.

FAVART (*Charles-Nicolas-Justin*), du Lycée des Arts, du Portique républicain, de la Société des Belles-Lettres ; au Palais du Tribunat.

FAURE (L. J.), Tribun; Cloître Saint-Benoît, n°. 354.

G.

GENAIS (*André-Simon-Henri*), du Portique républicain; rue Mezières, n°. 881.

GODIN (   ), Homme de loi; rue des Mathurins, Maison de Clugny.

GRÉGOIRE (*Henri*), de l'Institut de France, de la Société d'Agriculture de Paris, du Corps-Législatif, etc.; rue Saint-Dominique, faubourg Saint-Germain, n°. 1055.

GUICHARD (*Jean-François*), de la Société Philotechnique ; rue Saint-Hyacinthe, n°. 683.

GUYARD (   ), Quai de la Monnoie.

GUYOT DES HERBIERS (*Claude-Antoine*), du Corps-Législatif; rue des Noyers, n°. 18.

H.

HUGUIER (*Charles*), de la Société d'Institution; rue l'Évêque.

J.

JAUFFRET (*Louis-François*), de la Société d'Institution, de celle des Observateurs de l'homme ; rue de Seine, Maison Larochefoucault.

L.

LA CHABEAUSSIÈRE (*Ange-Étienne*), de la Société des Belles-Lettres, du Lycée des Arts; rue des Petits Augustins, n°. 1320.

LAVALLÉE (*Joseph*), des Sociétés Philotechnique, des Belles-Lettres, des Amis des Arts, d'Agriculture du Département de Seine et Marne; au Palais national des Sciences et des Arts.

LAVIÉVILLE (*Abraham-Louis-Lemarchand*), du Lycée des Arts, de la Société des Belles-Lettres; rue de Tournon, n°. 1158.

LEBOUVIER DES MORTIERS (*Urbain-René-Thomas*), de la Société des Observateurs de l'homme ; Associé-correspondant, à Nantes.

Classe des Belles-Lettres.

LECHEVALIER (*Jean-Baptiste*), aux Relations extérieures.
LEFEVRE (*Édouard*), rue Coquéron.
LEFEVRE-LAROCHE (   ), du Corps-Législatif; Associé-correspondant, à Auteuil.
LEFRANC (*Claude-François-Tripier*), rue Guénégaud, n°. 30.
LEGRAND-LALEU (   ), de l'Institut de France, Président du Tribunal Criminel du Département de l'Aisne; Associé-correspondant, à Laon.
LÉPIDOR (*Mathieu*), Associé-correspondant, à
LEPRETRE (*P. F. H. H.*), Associé-Correspondant, à Caen.
LEPRÉVOST-D'YVRAY (*Ch. S.*), Professeur d'Histoire à l'École centrale du Département de Seine et Marne; Associé-correspondant, à Fontainebleau.
LEVRIER-CHAMPRION (*Guillaume-Denis-Thomas*), rue Neuve-des-Petits-Champs.
LOMBARD (*Claude-Gilles*), rue des Fossés-Saint-Jacques, n°. 8.

M.

MARCILLY (*Laurent*), Homme de loi; rue Saint-Julien-le-Pauvre, n°. 15.
MARRON (*Paul-Henri*), rue Traversière Saint-Honoré, n°. 850.
MASSIEU (*Jean-Baptiste*), Archiviste au dépôt de la guerre, du Portique républicain; rue des Grands-Augustins, n°. 11.
MICHEL (*Jean-André*), rue des Vieux-Augustins.
MIGÉE le jeune (*M. F. Auguste*), du Lycée des Arts, de la Société des Belles-Lettres; rue Jacob.
MILLON (*Charles*), rue des Fossoyeurs, près de Luxembourg.
MOLLEVAUT (   ), du Corps-Législatif; rue de l'Université, n°. 396.
MOREAU-SAINT-MÉRY (*Médéric-Louis-Élie*), de la Société d'Agriculture de Paris, du Lycée des Arts, Conseiller-d'État; rue Jacob, n°. 1226.
MOREL-CAMPENNELLE (   ), Secrétaire de la Société d'Émulation; Associé-Correspondant, à Abbeville.
MOSNERON (*Jean*), du Corps-Législatif; rue du faubourg Saint-Honoré.
MOUTONNET (   ), du Portique républicain; rue Joubert, n°. 522.
MULOT (*F. V.*), du Lycée des Arts; rue du Chemin verd, faubourg Saint-Antoine.

P.

PELLETIER DE RILLY (*Jean-Ange-Maximin*), Isle et rue de la Fraternité, n°. 65.

POUGENS (*Charles*), de l'Institut de France, de la Société Philotechnique, Imprimeur-Libraire ; Quai Voltaire.

R.

REBOUL (*Charles-Joseph-Michel*), rue et butte des Moulins, n°. 506.
RENAUD-LAGRELAYE (*François*), rue de l'Arbre-sec, n°. 249.
ROBERT (*Edme-Pierre-François*), rue Marivaux, n°. 510.

S.

SAUTREAU-BELLEVAUT (*Jean*), Juge du Tribunal d'Appel du Département du Cher ; Associé-correspondant, à Bourges.

SICARD (*Roch-Ambroise*), Instituteur des Sourds-muets ; rue du faubourg Saint-Jacques, à l'Institution.

SIMON (*Édouard-Thomas*), Bibliothécaire du Tribunat, des Sociétés des Belles-Lettres de Paris, d'Agriculture de Troyes, du Portique républicain, des Arcades de Rome ; au Palais du Tribunat.

SOBRY (*Jean-François*), du Lycée des Arts, du Portique républicain, de la Société d'Institution, Commissaire de Police ; rue du Bacq, n°. 149.

T.

THIÉBAULT (*Dieu-donné*), de l'Académie de Berlin, Professeur de Grammaire générale à l'École centrale de la rue Saint-Antoine.

THIERRY (*Luc-Vincent*), rue Neuve des Capucins, Chaussée d'Antin, n°. 475.

CLASSE DES ARTS.

A.

ANSIAUX (*Jean-Joseph-Antoine-Léonore*), Peintre, du Lycée des Arts ; rue de la Monnoie, n°. 15.

ANTOINE (*Jacques-Denis*), Architecte, de l'Institut de France; Maison de la Monnoie.

B.

BERTHELEMY (*Jean-Simon*), Peintre, de l'Administration du Musée central, Adjoint à Professeur aux Écoles de Peinture, Sculpture et

Architecture, de la Société Philotechnique ; au Palais national des Sciences et des Arts.

BERWIC ( ), Graveur ; aux galeries du Museum.

BIEN-AIMÉ (*Pierre-Théodose*), Architecte, du Lycée des Arts ; rue de l'Échiquier, faubourg Saint-Denis, n°. 2.

BOIZOT (*Louis-Simon*), Sculpteur, Adjoint à Professeur aux Écoles de Peinture, Sculpture et Architecture ; au Palais national des Sciences et des Arts, pavillon du Midi.

C.

CHARDIN (*Juste-Sébastien*), Sculpteur ; rue d'Enfer, n°. 763.
CHERPITEL ( ), Architecte ; rue de Bourgogne, n°. 413.
COLSON ( ), du Lycée des Arts, de la Société des Belles-Lettres, Peintre et Architecte ; Quai Voltaire, n°. 1919.

D.

DUMONT (*François*), Peintre, du Lycée des Arts ; aux galeries du Museum, n°. 5.

F.

FRANÇOIS ( ), Peintre ; rue Saint-Thomas-du-Louvre, Maison Longueville.

G.

GATTEAUX (*Nicolas-Marie*), Graveur ; rue Saint-Dominique, faubourg Saint-Germain, n°. 947.

GAUCHER (*Charles-Étienne*), Graveur, des Sociétés Philotechnique, d'Agriculture, Sciences et Arts, du Département de Seine et Marne, des Académies et Sociétés de Londres et des Philadelphes ; rue du Jardinet, n°. 8.

GAUTHEY (*Émilan*), Architecte ; rue Saint-Guillaume, faubourg Saint-Germain.

GODEFROY (*François*), Graveur ; rue des Francs-Bourgeois, place Saint-Michel, n°. 127.

GOIS (*André-Simon-Henri*), Sculpteur, Professeur aux Écoles nationales de Peinture, Sculpture et Architecture, du Lycée des Arts ; au Palais national des Sciences et des Arts.

Classe des Arts.

GOULET (*Nicolas*), Architecte, du Lycée des Arts; rue Quincampoix, n°. 6.

GUILLAUMOT (*Charles-Axel*), Architecte, Directeur de la Manufacture nationale des Gobelins, Inspecteur général des Carrières du Département de la Seine, du Lycée des Arts; aux Gobelins, rue Mouffetard.

H.

HOUIN (*Claude*), Peintre, du Lycée des Arts, des Sociétés des Belles-Lettres, d'Agriculture, Sciences et Arts de Dijon; rue de la Jussienne n°. 17.

HOUDON (*Jean-Antoine*), de l'Institut de France, Sculpteur, Adjoint à Professeur aux Écoles de Peinture, Sculpture et Architecture; au Palais national des Sciences et des Arts, cour du Museum.

HOUEL (*Jean-Pierre-Louis-Laurent*), Peintre, du Lycée des Arts, du Lycée républicain, des Sociétés des Belles-Lettres, d'Émulation de Rouen, des Beaux Arts de Parme, etc.; Maison d'Angivillier, rue de l'Oratoire.

J.

JOUETTE (*Philippe*), Peintre; rue Saint-Dominique d'Enfer n°. 738.

L.

LANDON (*Charles-Paul*), Peintre, de la Société Philotechnique; au Palais national des Sciences et des Arts, escalier des Archives.

LECOMTE (*Felix*), Sculpteur, Professeur aux Écoles nationales de Peinture, Sculpture et Architecture; au Palais national des Sciences et des Arts.

LEGRAND (*Jacques-Guillaume*), Architecte; rue Saint-Florentin.

LEMONNIER (*Anicet*), Peintre, du Lycée des Arts, de la Société d'Émulation de Rouen; au Palais national des Sciences et des Arts.

M.

MÉRIMÉ (*Jean-François-Léonore*), Peintre; au Palais national des Sciences et des Arts, Pavillon de Beauvais.

MOLINOS ( ), Architecte, du Lycée des Arts; rue Saint Florentin.

MONNET (*Charles*), Peintre, du Lycée des Arts, de la Société d'Agriculture, Sciences et Arts, de Seine et Marne; cour du Museum.

MOREAU le jeune (*Jean-Marie*), Professeur de dessin à l'École cen-

Classe des Arts.

trale des quatre Nations, du Lycée des Arts; au Palais national des Sciences et des Arts.

P.

PATAS (*Jean-Baptiste-Louis-Emmanuel*), Graveur; rue de Fourcy, n°. 5.

PERRIN (*Jean-Charles-Nicaise*), Peintre; au Palais national des Sciences et des Arts.

PEYRON (*Jean-François-Pierre*), Peintre, Professeur de dessin aux Écoles centrales du Département de la Seine; au Palais national des Sciences et des arts, pavillon de Beauvais.

PINSON (   ), du Lycée des Arts, Anatomiste à l'Hospice de l'École de Médecine; Place de l'École, n°. 4.

PONCE (*Nicolas*), Graveur, de la Société d'Institution; du Lycée des Arts, etc.; rue du faubourg Saint-Jacques, aux ci-devant Feuillantines, n°. 223.

PRÊTREL (*Philippe-Laurent*), Architecte; rue Fontaine nationale, n°. 37.

R.

RENARD (*Jean-Augustin*), Architecte; rue du Théâtre-françois, n°. 12.

RENOU (*Antoine*), Peintre, Surveillant des Écoles nationales de Peinture, Sculpture et Architecture; au Palais national des Sciences et des Arts.

ROBIN (*Jean Baptiste-Claude*), Peintre; rue des Bernardins.

S.

SOUFFLOT (*Franç.*), Architecte, du Lycée des Arts; rue des Moulins.

SUVÉE (*Joseph-Benoît*), Peintre, Professeur aux Écoles de Peinture, Sculpture et Architecture, du Conseil d'Administration du Musée, du Lycée des Arts; au Palais national des Sciences et des Arts.

T.

TAILLASSON (*Jean-Joseph*), Peintre; au Palais national des Sciences et des Arts.

TILLIARD (*Jean-Baptiste*), Graveur; cloître Notre-Dame, n°. 2.

Classe des Arts.

V.

VALENCIENNES (*Pierre-Henri*), Peintre, de la Société Philotechnique ; au Palais national des Sciences et des Arts.

VAN SPAENDONK (*Corneille*) le jeune, Peintre ; au Palais national des Sciences et des Arts.

VAUDOYER (*Antoine-Laurent*), Architecte ; aux galeries du Muséum.

VERNIQUET (*Edme*), Architecte ; rue de l'Oratoire, maison d'Angivillier, n°. 146.

VIEL (*Charles-François*), Architecte ; rue du faubourg Saint-Jacques, n°. 123.

VINCENT (*François-André*), Peintre, de l'Institut de France, Professeur aux Écoles de Peinture, Sculpture et Architecture ; au Palais national des Sciences et des Arts.

La présente Liste arrêtée en Séance, le quatrième jour complémentaire de l'an VIII.

HUZARD, *ex-Président, en l'absence du Citoyen*
CUBIÈRES (S. L. P.), *Président.*

Ferd. BAYARD, E. T. SIMON, *Secrétaires.*

PONCE, *Trésorier.*

BOIZOT, *Archiviste.*

www.ingramcontent.com/pod-product-compliance
Lightning Source LLC
Chambersburg PA
CBHW060915050426
42453CB00010B/1731